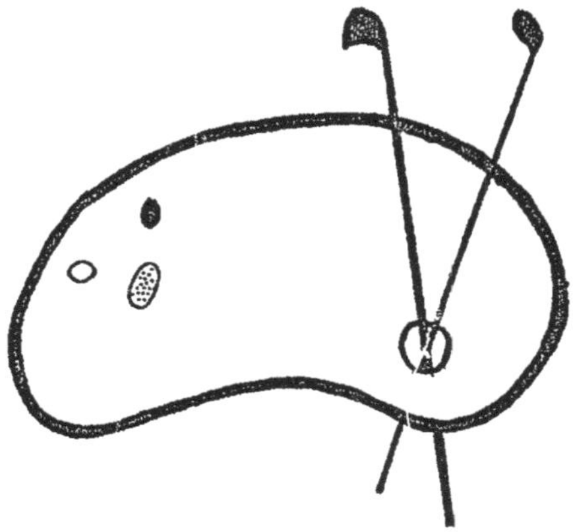

LE DERNIER RAPPORT D'UN EUROPÉEN

SUR

GHÂT ET LES TOUAREG DE L'AÏR

(JOURNAL DE VOYAGE D'ERWIN DE BARY)

PAR

M. HENRI SCHIRMER

CORRESPONDANT DU MINISTÈRE DE L'INSTRUCTION PUBLIQUE

MAÎTRE DE CONFÉRENCES À LA SORBONNE.

(Extrait du *Bulletin de géographie historique et descriptive*, N° 2. — 1898.)

PARIS

IMPRIMERIE NATIONALE

M DCCC XCIX

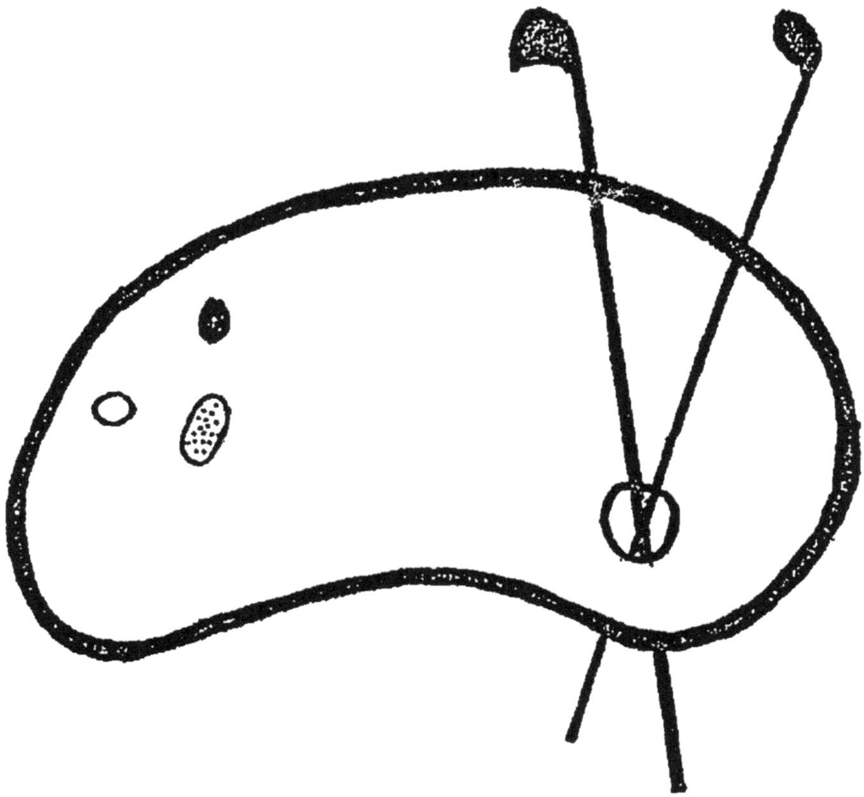

FIN D'UNE SERIE DE DOCUMENTS
EN COULEUR

LE DERNIER RAPPORT D'UN EUROPÉEN

SUR

GHÂT ET LES TOUAREG DE L'AÏR

(JOURNAL DE VOYAGE D'ERWIN DE BARY)

PAR

M. HENRI SCHIRMER
CORRESPONDANT DU MINISTÈRE DE L'INSTRUCTION PUBLIQUE
MAÎTRE DE CONFÉRENCES À LA SORBONNE.

(Extrait du *Bulletin de géographie historique et descriptive*, N° 2. — 1898.)

PARIS
IMPRIMERIE NATIONALE

M DCCC XCIX

LE DERNIER RAPPORT D'UN EUROPÉEN

SUR

GHÂT ET LES TOUAREG DE L'AÏR

(JOURNAL DE VOYAGE D'ERWIN DE BARY).

RAPPORT

ADRESSÉ À M. LE MINISTRE DE L'INSTRUCTION PUBLIQUE.

C'est un nom peu connu en France que celui d'Erwin de Bary. Sa dépouille repose ignorée dans un coin de l'oasis de Ghât, et l'on ne songe guère à lire, dans la revue étrangère où elles ont été publiées jadis, ses notes de voyage, seule trace qui reste de son activité évanouie. Cependant son œuvre inachevée mérite mieux que cet oubli.

Erwin de Bary était parti de Tripoli en 1876 pour marcher sur les traces de deux des plus illustres voyageurs de ce siècle : Duveyrier et Barth. Il rêvait de pénétrer dans ce mystérieux pays des Touareg Hoggar, resté jusqu'alors vierge de toute exploration européenne, et qui forme en quelque sorte le faîte du Sahara central. Il n'a point réussi, mais il reste de sa tentative, que nous allons brièvement rappeler ici, un Journal de route des plus utiles pour l'étude scientifique et politique d'une région devenue partie intégrante de la zone d'action coloniale de notre pays [1].

[1] Ces lignes ont été écrites en 1896. Le journal d'E. de Bary, traduit et annoté, a été publié depuis sous le titre ci-dessus (Paris, Fischbacher, 1898).

Erwin de Bary s'était mis en route le 29 août 1876, avec la caravane d'un marchand tripolitain, Hadj-Moustapha-Sammit; lui-même se faisait passer pour un médecin militaire turc, et grâce à l'exiguité de son bagage, il espérait passer inaperçu. Il parvint en effet sans encombre, par la Hamada-el-Homra et le Nord du Fezzan, jusqu'à cette célèbre ville de Ghât qui sert d'emporium aux caravanes du Sahara central; mais là les difficultés commencèrent. Les Touareg Azdjer de Ghât étaient en guerre avec leurs voisins les Touareg Hoggar; tant que durerait cet état de choses, il fallait renoncer à l'espoir de visiter le territoire de cette confédération rivale. Erwin de Bary voulut du moins pénétrer dans l'Ouest aussi loin que le permettraient les circonstances. Accompagné d'un seul guerrier touareg, il escalada ce plateau de Tasili dont Bou-Derba et Duveyrier avaient longé jadis la base, et qui est comme le premier gradin du massif du Sahara central. Traversant d'Est en Ouest cette surface accidentée, où l'érosion a découpé des tables de roc dans les assises horizontales du grès sombre et creusé les oueds qui se transforment plus loin en tranchées de plus en plus profondes, le voyageur parvint jusqu'à l'oued Mihero, où il put vérifier ce fait de grande portée géologique : la présence de crocodiles vivants en plein désert du Sahara. Puis il revint rapidement en arrière, car d'heure en heure on s'attendait à voir paraître les Hoggar.

Le 11 novembre, nous retrouvons le jeune explorateur à Ghât : il avait échappé au danger avec un rare bonheur. Mais alors il semble que la chance l'abandonne. Son incognito a été percé à jour par les négociants et les pèlerins qui ont été en rapport avec les Européens de la côte, et plus d'une fois il surprend un sourire incrédule sur leurs lèvres, lorsqu'il est question de sa qualité de musulman. C'est en vain qu'il sème les cadeaux, qu'il prodigue ses médicaments et ses soins aux malades : il ne rencontre, sous les protestations de politesse, que froideur et refus de concours. Il voudrait obtenir son affiliation aux ordres de Mouley Taïeb et de Senousi, personne ne la lui facilite; on n'a pas d'argent à lui donner en échange de ses lettres de crédit; pour comble de malheur, il porte plainte contre deux jeunes gens qui l'ont appelé *kafir* (infidèle), et il se trouve que ce sont les propres frères du gouverneur!

Deux mois se passent dans cette situation équivoque et dangereuse, et la guerre entre Azdjer et Hoggar n'est pas près de finir. Voulant quitter Ghât à tout prix, le voyageur saisit l'occasion d'une caravane qui se rend dans l'Aïr; bien qu'il ne lui reste qu'une somme d'argent dérisoire, il va essayer de gagner soit Zinder, soit Agadès, pour aller à Tombouctou soit par les pays du Soudan, soit de préférence par les routes entièrement inconnues qui traversent le Sahara méridional. Ses efforts allaient être déjoués par la cupidité des Kel-Ouï de l'Aïr. Le 20 février 1877, à Adjiro, dans l'Aïr septentrional, il reçoit la visite du *serki-n-touaoura* (consul des blancs), représentant du sultan d'Agadès, qui sous prétexte de percevoir le droit de passage dû par les caravanes, le dépouille de la partie la plus précieuse de son bagage. Le cheikh Hadj-Bilkhou fait rendre gorge au voleur, mais c'est pour mieux exploiter le voyageur à son profit. Il l'empêche de partir pour Agadès, et ne le renvoie à Ghât qu'après lui avoir soutiré presque tout son avoir.

Le 3 octobre 1877, Erwin de Bary rentrait dans cette ville de Ghât que neuf mois auparavant il avait quittée dans l'espoir de ne plus la revoir. Mais il n'avait pas perdu confiance: «Dans quinze à vingt jours, écrivait-il, le temps de recevoir l'argent, les instruments et les vivres que j'attends, et je repartirai avec la première caravane pour l'Aïr. Je suis encore en habit de voyage, et j'écris ces lignes en hâte, pour profiter du courrier qui part cette nuit. Ma santé est excellente.»

Moins de vingt-quatre heures après, Erwin de Bary était mort. Il avait achevé gaiement sa soirée chez le gouverneur, à causer avec ses connaissances. A six heures du matin, son serviteur voulut le réveiller, il le secoua de toutes ses forces sans pouvoir y parvenir : «La respiration, dit le rapport officiel du gouverneur, fonctionnait comme celle d'un homme qui dort profondément[1]». Lorsqu'on revint le voir vers dix heures, son corps était déjà raide et froid.

Cette mort subite était-elle la suite des privations et des fatigues? Ou a-t-il succombé à l'absorption d'un narcotique, d'un de ces poisons rapportés de Tunis, et que certains notables de Ghât lui avaient montrés à lui-même? Erwin de Bary avait eu le malheur d'humilier involontairement le gouverneur de Ghât, en le forçant

[1] Rapport du kaïmakam de Ghât, traduit en français et transmis par le consul d'Autriche-Hongrie à Tripoli (Compte rendu des séances de la Société de géographie de Berlin, 1877, p. 272).

à punir ses frères; faut-il croire à un ressentiment longuement dissimulé, qui se serait traduit par un crime, le jour où contre toute attente, le voyageur revint sain et sauf de sa périlleuse expédition dans l'Aïr? Les vengeances de ce genre sont trop dans les mœurs orientales pour qu'on puisse *a priori* écarter ce soupçon.

Disons cependant que l'ancien guide du voyageur, questionné à ce sujet par M. Fernand Foureau, a répondu qu'à son avis la mort avait été absolument naturelle; il ajoutait qu'à partir du moment où Erwin de Bary avait plongé son bras dans une source chaude, il avait toujours été malade. Mais que vaut cette opinion en présence de la dernière affirmation du voyageur?

Quoi qu'il en soit, les papiers d'Erwin de Bary n'ont pas subi le sort de ceux de Laing, de Mungo-Park, de Douls et de tant d'autres, dont l'Afrique garde le secret. Son carnet de route, fidèlement transmis à sa veuve par les soins de son drogman Staouï, a été communiqué par elle à la Société de géographie de Berlin, qui l'a inséré dans son bulletin annuel [1].

Ces notes sans suite, prises au jour le jour, eussent certainement gagné à être revues par l'auteur; il n'eût pas manqué d'y mettre un peu d'ordre et d'en éliminer des redites qui nuisent parfois à l'intérêt du récit. Cependant, telles qu'elles sont, elles n'en constituent pas moins un document précieux pour la géographie du Sahara central.

Erwin de Bary a été, il est bon de le rappeler, le seul Européen qui depuis Barth ait pénétré dans le pays d'Aïr; s'il n'a pas toute la science et la pénétration qui font de ce dernier un des plus grands voyageurs des temps modernes, il a du moins noté avec une conscience rare tout ce qui à un degré quelconque pouvait intéresser un explorateur [2]; la direction de la marche, la nature du terrain, la montagne ou la dune qui se profile à l'horizon, la plante qu'on rencontre ou l'animal qui passe, la physionomie des indigènes et leur conversation, tout a été transcrit pour ainsi dire d'heure en

[1] Bulletin de la Société de géographie de Berlin, 1877, p. 161-199; 1878, p. 353-360; 1880, p. 54-80, 227-241, 315-422. — Compte rendu de la même Société, 1877, p. 241-251.

[2] La valeur de ses observations a déjà été reconnue en France par M. le Dr. Hamy, qui dès 1883 priait M. le Dr. Dargaud de traduire pour la *Revue d'ethnographie* le rapport adressé par le voyageur à la Société de géographie de Leipzig sur les *Senams et tumuli de la chaîne de montagnes de la côte tripolitaine.*

heure, toutes les fois que l'auteur n'a pas été vaincu par la maladie. Il en est résulté une relation qu'on ne saurait comparer évidemment ni aux pages lumineuses et profondes qui font le charme de l'ouvrage de Barth, ni au tableau magistral que Duveyrier a fait du pays des Touareg du Nord; mais ce n'en est pas moins une source d'informations excellente. Parmi les relations de voyage qui ont eu le Sahara pour objet, je ne vois guère dans les derniers temps que les rapports de M. Fernand Foureau qui la dépassent par l'abondance de l'observation et la précision scientifique du détail.

Or ce n'est point seulement au point de vue géographique que nous avons avantage à connaître ces renseignements recueillis à Ghât et dans l'Aïr; il en est un certain nombre sur lesquels personne n'a encore appelé l'attention en France, et qui intéressent directement la politique coloniale de notre pays.

On sait que par la convention franco-anglaise du 10 août 1890, le Sahara situé au Nord de la ligne Barroua-Saï est devenu zone d'influence française. Quelle que soit l'opinion que l'on puisse avoir sur l'utilité d'un chemin de fer transsaharien, il ne saurait venir à l'idée de personne que la France doive se désintéresser de ce pays. Là est le refuge de tous les mécontents insurgés contre elle, Algériens dissidents ou Touareg des bords du Niger; là s'abritent, dans l'impunité de leurs solitudes, les meurtriers de la mission Flatters; là, soigneusement entretenu par les intrigues turques et marocaines, est le foyer des haines panislamiques et esclavagistes, et si nous n'y prenons garde, celui des insurrections à venir. Nous serons donc amenés par la force même des choses à faire au Sahara ce que la Russie a fait dans la steppe turkmène : jalonner de postes militaires les grandes routes de ce désert intercalé au milieu de notre empire colonial.

Or nulle ne mérite plus d'attirer notre attention que celle de l'Aïr, qui représente la ligne de communication la plus directe entre l'Algérie-Tunisie et le Bornou. L'étude de cette route était, on le sait, l'objet principal de la mission Flatters, et c'est le même but que, depuis plusieurs années, poursuit avec une héroïque persévérance M. Fernand Foureau. Mais les informations de la mission Flatters s'arrêtent au puits d'Inzelman-Tikhsin, par 25° 35′ de latitude nord, sur le chemin direct d'Ouargla à Asiou, et M. Foureau[1] n'a encore pu dépasser l'oued Mihero par 26° 25′ de latitude nord. En attendant qu'il réussisse, c'est donc à Erwin de Bary qu'il faut demander les derniers renseignements authentiques que l'on possède sur cette partie du Sahara méridional.

I

RENSEIGNEMENTS D'ERWIN DE BARY SUR L'AÏR.

Ils sont de nature à modifier en plus d'un point l'opinion courante. Sur la foi de quelques mots mal interprétés de Barth, beaucoup de géographes avaient cru pouvoir dire que l'Aïr est un pays fertile, et en quelque sorte «le cap avancé du Soudan». Il n'en est pas tout à fait ainsi. L'Aïr a une végétation saharienne; les espèces dont le voyageur cite les noms (*Maerua rigida*, *Acacia tortilis*, *Zizyphus Lotus*, *Salvadora Persica*, etc.) appartiennent pour la plupart à la flore désertique, et ne sont remarquables que par le développement qu'elles atteignent; il y aurait donc grande imprudence à croire que l'Aïr offre beaucoup de ressources. En juillet 1877, le pays était si pauvre que le cheikh Hadj-Bilkhou déclarait ne pouvoir fournir à son hôte les vivres nécessaires pour le voyage, tant que la caravane des Kêl-Ouï ne serait pas revenue du Soudan.

«Les habitants d'ici, écrit le voyageur à Adjiro à la date du 17 mai[2], mangent les peaux de chèvre et de mouton; ils découpent la peau, après l'avoir débarrassée de ses poils, en minces lanières, qu'ils grillent légèrement au feu. Les os sont pulvérisés et mangés également.»

Toutefois cette misère tient encore plus à l'état d'insécurité du pays qu'à la pauvreté du sol. Le jour où les habitants n'auraient plus à craindre les razzias des tribus touareg voisines, le lit des oueds visités par la crue se couvrirait évidemment de cultures, tout comme les terres analogues des oueds qui descendent de l'Atlas.

[1] Depuis que ces lignes ont été écrites (1896), M. Foureau a pu organiser, grâce à la libéralité de la Société de géographie de Paris, une grande expédition qui, munie de toutes les ressources que comporte la prudence humaine, était arrivée heureusement le 6 février 1899 à In-Azaoua, sur les confins nord du Sahara méridional. Le journal d'E. de Bary donne ainsi la mesure de notre connaissance au moment où la première mission scientifique française pénètre dans cette région.

[2] Pour les citations qui vont suivre, voir l'Index de la traduction.

Les informations politiques ne sont pas moins intéressantes. Un suzerain, le sultan d'Agadès, simple jouet entre les mains des tribus nomades des alentours; un émir, En-Nour, habile à pressurer les caravanes, mais impuissant à protéger contre les razzias les habitants de son propre pays; des marabouts fanatiques qui réclamaient la mise à mort des infidèles; des cheikhs qui «au lieu de réprimer l'ardeur des pillards, n'y voyaient qu'une occasion de s'approprier le produit de leurs rapines», telle était la description peu engageante que Barth et Richardson avaient faite en 1855 des conditions politiques de l'Aïr[1]. Cette situation était-elle permanente ou passagère? C'est ce que la deuxième expérience, tentée par de Bary, a permis de savoir.

A vingt-deux ans de distance, la situation n'a pas changé. «Bien que les Touareg Kel-Geress et Kel-Ouï aient pour suzerain commun le sultan d'Agadès, ils sont toujours en guerre, et ne font une courte trêve que lorsque leurs intérêts commerciaux l'exigent. Alors les Kel-Ouï apportent le sel de Bilma à Agadès, et prennent en échange aux Kel-Geress les produits du Soudan.» Le sultan d'Agadès ne gouverne pas; sa seule occupation consiste à lever une taxe sur les caravanes. Encore les gens de l'Aïr sont-ils exempts de redevances. Chaque cheikh règle à sa guise les affaires de sa tribu. Il y a un émir des Kel-Ouï, mais comme il arrive souvent chez ces peuplades berbères, un autre chef est plus obéi, parce qu'il est redouté davantage. Il faut voir dans le journal d'Erwin de Bary la rapacité brutale de ce cheikh, et l'exaspération grandissante du voyageur retenu malgré lui à Adjiro, dépouillé lentement de son argent et de sa pacotille, et finalement réduit à cet état de désespoir qui lui donnait la tentation de se loger une balle dans la tête, après en avoir au préalable envoyé une autre à son persécuteur!

Pendant ce temps, le pays est continuellement visité par les razzias. En mars, toute la population d'Adjiro s'est réfugiée dans la montagne, parce qu'on annonçait l'approche des Aouélimiden. En mai, ce sont des ennemis venus du fin fond du désert, les Berabich, qui fondent sur l'ouâdi Telak; mais ils sont battus, de sorte que sept hommes seulement en réchappent. Le 26 mai, les Touareg Kel-Geress s'avancent dans l'Aïr jusqu'à Afasas, où ils enlèvent

[1] Barth, *Reisen und Entdeckungen*, t. Ier, p. 557. Richardson, *Narrative of a mission to Central Africa*, t. Ier, p. 289-291.

trente esclaves et du bétail. A l'annonce de cette incursion, les gens d'Adjiro se retirent une seconde fois sur les hauteurs du Baghsen.

« La situation, dit en résumé le voyageur, est tout aussi défavorable aux explorations ici que dans le Nord... Je n'ai pu m'en tirer que grâce à ma qualité supposée de mahométan; un chrétien ne passerait pas en ce moment. Je n'ai pu prendre de notes qu'à la dérobée, avec de grands risques. J'ai dû abandonner ma tente, qui trahissait l'Européen et, en me faisant passer pour un homme riche, rendait les Touareg d'autant plus avides. »

Ainsi, en 1877, l'insécurité était encore plus grande, et le pays encore plus hostile aux chrétiens qu'au temps de Barth. Cette hostilité, soit dit en passant, n'avait pas le seul fanatisme pour cause : les chefs Kêl-Ouï, dit Richardson, sont les plus grands marchands d'esclaves du Sahara [1].

II

RENSEIGNEMENTS D'ERWIN DE BARY SUR LA SITUATION POLITIQUE CHEZ LES TOUAREG DU NORD.

Le rapport d'Erwin de Bary n'est pas moins intéressant à consulter en ce qui concerne l'organisation des Touareg du Nord. Sur ce point, les voyageurs qui l'avaient précédé n'étaient point d'accord. L'un, Richardson, nous avait montré « un assemblage de chefs divisés par les rivalités les plus violentes, les gens du commun soutenant leurs patrons respectifs, leurs chefs de clan, au sens féodal du mot... Ce qu'il y a de pire, dit-il encore, pour les voyageurs qui traversent ce pays, c'est que les chefs n'ont pas d'autorité suffisante sur les tribus, des actes desquelles ils ne peuvent toujours répondre. Un jour vous avez affaire à l'élite des Touareg, et le lendemain à une vraie bande de brigands ». L'autre, Henri Duveyrier, venu à Ghât en 1861, avait fait de cette confédération touareg un tableau bien plus flatteur. Il avait eu la fortune de prendre pour guide un marabout également remarquable par son intelligence et ses qualités de cœur; ce marabout l'avait conduit auprès d'un émir ou *amghar* puissant et redouté, qui l'avait accueilli avec bienveillance, et l'avait protégé contre les insultes de la population fanatique de Ghât. Duveyrier en avait conçu une haute opinion de ces hommes

[1] *Narrative of a mission to Central Africa*, t. II, p. 72.

qui lui rappelaient par certains côtés nos chevaliers du moyen âge; il avait signalé à l'attention de l'Europe cette confédération des Touareg Azdjer, «l'ordre qui y règne, le caractère éclairé, conciliateur des hommes qui la dirigent»; il voyait en eux des auxiliaires précieux pour le développement du commerce entre l'Algérie et le Soudan.

L'impression produite par son livre avait été telle, que l'année suivante le gouvernement général de l'Algérie avait envoyé à Ghadamès une mission officielle conclure avec l'émir Ikhenoukhen un traité d'amitié pour la protection éventuelle des caravanes françaises.

Seulement, deux événements douloureux étaient venus depuis ébranler cette confiance. En 1870, une voyageuse hollandaise, Mlle Tinné, qui se rendait de Mourzouk à Ghât pour rendre visite à l'émir, avait été massacrée sous les yeux mêmes de l'escorte que celui-ci lui avait envoyée; bien que les Turcs, peu soucieux d'avoir à sévir contre les Touareg Azdjer, eussent essayé de faire croire que le traître était un étranger, un Hoggar, il résultait clairement de l'enquête faite à Mourzouk par Nachtigal qu'il fallait accuser un Azdjer, un proche parent de l'émir, et Duveyrier lui-même avait enregistré avec tristesse cette odieuse violation de la parole donnée [1].

D'autre part, un voyageur français, Dournaux-Dupéré, avait recueilli en 1874 des informations inquiétantes sur les dissensions politiques des Azdjer. Une partie des tribus, écrivait-il, est en guerre ouverte avec l'émir et fait cause commune avec les Hoggar. Dournaux lui-même avait été à Ghadamès l'objet des menaces de ces ennemis d'Ikhenoukhen; il partit quand même, confiant dans le traité de Ghadamès, et persuadé que, quelles que fussent leurs discordes civiles, «les Touareg n'iraient pas jusqu'à s'en prendre à un Français». Quelques jours plus tard, il était assassiné avec la complicité de ses guides par une bande de rôdeurs dans le désert.

Ainsi, au lieu de l'ordre et de la sécurité promis par Duveyrier, on avait retrouvé par deux fois cette situation anarchique dont Richardson avait signalé les dangers. Cette situation était-elle la règle ou l'exception? Les assassinats en question n'étaient-ils que deux accidents déplorables, et les caravanes françaises pouvaient-elles néanmoins se fier au traité de Ghadamès? ou fallait-il renoncer à

[1] Voir l'Afrique nécrologique, *Bulletin de la Société de géographie*, 1874, t. II.

l'idée d'assurer des relations commerciales avec la seule garantie d'un pouvoir stable et régulier chez les Azdjer?

C'est à ce moment, en 1876, entre la tentative de Dournaux-Dupéré et celle de Flatters, que se place le séjour d'Erwin de Bary à Ghât, et ses informations vont prendre pour nous d'autant plus d'importance qu'il converse familièrement avec les Touareg, de musulman à musulman.

Il trouve le pays profondément troublé. La guerre civile signalée par Dournaux-Dupéré dure encore, et la plus grande partie de la tribu des Imanghasaten fait cause commune avec les Hoggar. Dans les rencontres, le parti de l'émir Ikhenoukhen a eu en général le dessous. Fait grave : les Turcs ont profité, pour mettre la main sur Ghât, de ce que l'émir aux abois leur a demandé d'envoyer les Arabes du Fezzân à son secours. Maintenant, une garnison turque occupe l'antique place de commerce, à la grande colère des Touareg, qui jurent de ne point payer d'impôt.

Ikhenoukhen vieilli n'a plus la même autorité que jadis. «Depuis qu'il a reçu le burnous d'investiture des mains des Turcs, son influence a bien décru; seul le kaïmakam de Ghât le traite en émir des Azdjer. Toutes les fois qu'étant avec des Imanghasaten je leur parlais de lui comme de leur chef suprême, je soulevais des rires ironiques; ils n'avaient que leur cheikh, répondaient-ils.» L'émir a d'ailleurs perdu dans cette guerre une grande partie de ses gens et de ses troupeaux, et il ne commande plus en maître, même dans sa propre tribu. A côté de lui agissent des personnalités rivales, telles que ce Hadj-bou-Bekr, qui avait assisté impassible au meurtre de Mlle Tinné.

Le journal d'Erwin de Bary ne laisse aucun doute sur l'identité réelle de ce personnage. Quoi qu'on en ait dit dans un ouvrage récent [1], où d'ailleurs on prête à Duveyrier une opinion qui n'est pas la sienne, El-Hadj-bou-Bekr, appelé aussi Hadj-ech-Cheikh (le cheikh-pèlerin), était bien un des chefs de la tribu des Oraghen, et un proche parent de l'émir : le voyageur l'a vu, lui a parlé, et a même été l'objet de ses menaces; le meurtrier se promenait librement dans Ghât, et ce crime n'avait pas nui le moins du monde à sa réputation. «Le cheikh Bou-Bekr est en ce moment le chef le

[1] Vuillot, *L'exploration du Sahara*, p. 111-112.

plus influent des Oraghen; son forfait ne lui a fait aucun tort dans l'esprit de sa tribu... Quant à ce qu'on en pense à Mourzouk, il suffit de rappeler qu'Ali-ben-Mohamed n'a fait aucune façon pour recevoir Bou-Bekr chez lui. Il est vrai qu'Ikhenoukhen, lorsqu'il apprit le meurtre, fut en colère, parce qu'il prévoyait l'effet de cette nouvelle sur les Français, à l'opinion desquels il attachait de l'importance; mais Bou-Bekr le réduisit bientôt au silence, en lui donnant un des fusils qui avaient appartenu aux deux matelots hollandais. Et la question fut ainsi enterrée. »

Quant aux Hoggar, ils se sont fortifiés aux dépens des Azdjer, mais ils ne paraissent pas beaucoup plus unis que leurs rivaux. « Depuis la mort de l'émir Hadj-Ahmed, toute trace d'organisation et de sécurité a disparu. » Le chef de la tribu des Taïtoq, Sidi-eg-Guerradji, tient en échec l'émir Ahîtaghel, trop faible pour se faire obéir. « De tous côtés, dit le voyageur, on rencontre dans ce pays des hordes de la pire espèce... »

L'impression d'Erwin de Bary se rapproche donc beaucoup de celle de Richardson : « Des traités conclus avec des gens comme les Touareg sont à mon avis absolument sans valeur. Sans doute, on trouvera les chefs disposés à conclure des contrats de ce genre et à recevoir par la même occasion des présents considérables, mais personne ne se croit lié par la signature du cheikh, pas plus que les Touareg ne se croient sujets du sultan parce que Ikhenoukhen s'est soumis aux Turcs. Chez les Touareg il n'y a qu'une loi : celle du plus fort. Tant qu'un chef est redouté, on respecte ses ordres; mais que son bras faiblisse, qu'il voie diminuer le nombre de ses hommes ou de ses troupeaux, et c'en est fait de son autorité. Des traités conclus avec des régents aussi éphémères ne sont certes pas propres à assurer des relations commerciales. Sans compter ce fait sur lequel je ne saurais trop insister : les Touareg, tout comme les autres habitants du Sahara, ne se croient pas tenus de respecter la parole donnée à un *kafir*. »

Si l'on considère que ces lignes ont été écrites en 1877, trois ans avant la mission Flatters, par un savant venu au Sahara sans aucune arrière-pensée commerciale ou politique, et dont la sincérité ne saurait être mise en doute, l'on ne peut assez déplorer que le colonel Flatters n'ait pas connu ce rapport capital de son prédécesseur. Il n'eût peut-être pas convoqué, pour leur demander passage, ces Imanghasat en hostiles qui ont empêché la première mission de parvenir jusqu'à l'émir; il ne se fût pas risqué ensuite avec une escorte insuffisante sur cette route d'Amadghor hantée par des hordes de la pire espèce et n'eût pas confié sa vie et celle de ses compagnons à la parole d'un chef hoggar!

Aujourd'hui encore, en dépit de nouvelles et douloureuses expériences, des publicistes persistent à nous vanter la pénétration pacifique et l'alliance des Touareg Azdjer. A les en croire, nous avons méconnu leur loyale fidélité à la France, et si nos caravanes ne circulent pas encore de l'Algérie au Soudan sous leur égide, c'est que nous n'avons pas su le vouloir. «Leurs sentiments n'ont pas changé; ils sont toujours là, attendant nos caravanes, autorisant nos commerçants à établir chez eux des bordj commerciaux[1]... »

A ces illusions, M. Fernand Foureau a opposé l'histoire de ses tentatives de pénétration en 1893 et 1894, qui démontre ce qu'il faut penser de la loyauté des Touareg Azdjer et de la soi-disant autorité souveraine de leur chef actuel. «Chaque chef subalterne, chaque principicule, dit-il, chaque noble même a la prétention de commander sur tous les points où il a planté sa tente ou envoyé ses troupeaux au pâturage... Ce serait une grave erreur de croire que le mot de *confédération* des Azdjer, mot créé par nous au surplus, puisse être un instant pris dans son sens français. Les diverses fractions réunies sous ce nom sont fort loin d'avoir la cohésion d'une nation européenne. Ce sont bien plutôt des hordes indisciplinées, qui ne reconnaissent pas de chef unique, qui n'agissent en commun que dans des cas exceptionnels, devant un grand péril, une menace directe à leur indépendance[2]... »

Le rapport d'Erwin de Bary, si remarquablement conforme, donne à ces conclusions leur véritable portée. En nous prouvant que la situation signalée par M. Foureau n'est pas nouvelle, qu'elle

(1) Vuillot, *L'exploration du Sahara*, p. 91.

(2) Foureau, *Rapport sur ma mission au Sahara, octobre 1893-mars 1894*, p. 208. — Dans ses explorations ultérieures, M. Foureau n'a eu que trop de raisons de confirmer cette manière de voir. «Je suis persuadé, écrit-il, que l'on ne peut avoir aucune confiance dans la parole des Touareg Azdjer... » De plus, il a eu l'occasion de préciser en 1897 la portée exacte du traité de Ghadamès: les droits de passage qu'il a dû verser sont revenus au fils d'Ikhenoukhen, bien qu'il ne fût pas, comme son père, l'émir des Azdjer — preuve que la convention de Gha-

s'est déjà présentée en 1876-1877, et auparavant en 1855 et en 1848, en faisant d'autre part la pleine lumière sur les circonstances de la mort de Mlle Tinné, ce rapport nous fournit la preuve *qu'en temps ordinaire il n'existe pas de pouvoir régulier chez les Azdjer*, que la parole d'un chef l'engage tout au plus lui-même, et qu'il n'y a pas de *nation* touareg avec laquelle on puisse traiter.

Mais un simple résumé est impuissant à rendre l'impression du texte lui-même, et c'est ce qui nous détermine à en mettre la traduction sous les yeux du public français. Il y verra, pris sur le vif, ces guerriers touareg au sujet desquels tant d'histoires fantaisistes ont été racontées en France; et ce simple récit de la vie de Ghât, des conversations et des mille petits incidents de chaque jour, fera ressortir, mieux qu'aucun portrait ne pourrait le faire, ce singulier mélange d'allures martiales et de rouerie diplomatique, de mendicité éhontée et de gueuserie fière, de farouche indépendance, de traîtrise et parfois de religion sincère, qui fait de ces Touareg une des peuplades tout à la fois les plus curieuses et les moins dignes de confiance de notre empire colonial.

damès est envisagée par ces nomades non comme un traité conclu avec un chef d'État, mais comme une convention de patronage personnel, particulière à la famille d'Ikhenoukhen. Quant à la sécurité qu'elle procure vis-à-vis des autres Azdjer, M. Foureau reste absolument sceptique : s'il est revenu sauf, dit-il, c'est uniquement parce que les Touareg ne se souciaient pas d'attaquer sa petite escorte de la tribu des Chambba, «qui ne laissent jamais impuni le massacre du plus petit des leurs.» (*Mon neuvième voyage au Sahara*, Paris, 1898, p. 76, 122.)

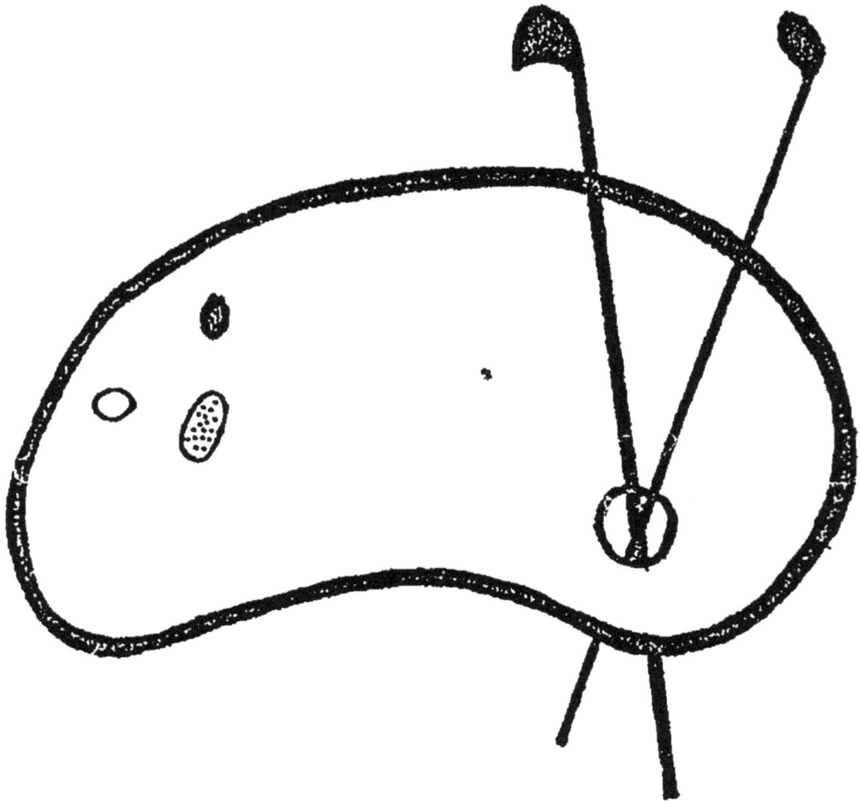

www.ingramcontent.com/pod-product-compliance
Ingram Content Group UK Ltd.
Pitfield, Milton Keynes, MK11 3LW, UK
UKHW032040260826
14628UKWH00007B/3095

9 782016 174364